Fiche **philosophe**

Par Karine Safa

Montaigne

LePetitPhilosophe.fr

MONTAIGNE

ÉCRIVAIN ET PHILOSOPHE FRANÇAIS DE LA RENAISSANCE

- **Né en 1533 au château de Montaigne (Périgord)**
- **Décédé en 1592 au château de Montaigne**
- **Son œuvre principale :**
  - *Les Essais* (1580-1588)

Dans la pure **tradition humaniste du XVIe siècle** qui opère un retour à l'Antiquité, Montaigne puise abondamment dans **la philosophie ancienne** (Sénèque, Épicure, Plutarque, etc.). À la fois stoïcien, épicurien ou encore sceptique, il cherche, grâce à la philosophie, à **bien vivre** et à éviter de se dessécher l'esprit.

En réalité, c'est surtout **sa propre personnalité** qu'il exprime dans son unique œuvre, **les *Essais***, un véritable monument de la littérature et de la pensée françaises qui a durablement influencé la culture occidentale. Il s'agit d'une entreprise tout à fait inédite pour l'époque : tout en se livrant à une réflexion sur la condition humaine et l'art de vivre, Montaigne se peint et dresse son portrait dans un style très vivant, nourri de métaphores et d'images populaires. On y découvre ainsi une personnalité qui se cherche et se crée au contact d'influences diverses. *Les Essais* ont donné à la France sa grande figure humaniste.

BIOGRAPHIE

UNE ÉDUCATION HUMANISTE

Issu d'une **famille de négociants bordelais** nouvellement anoblie, Michel Eyquem de Montaigne est **né en 1533** au château de Montaigne dans le Périgord. Il y reçoit une **éducation fondée sur les principes humanistes** : l'objectif est principalement de donner aux enfants le gout de l'étude, d'éveiller leur curiosité et de les ouvrir au monde. Après des **études de droit**, il commence en 1557 une **carrière au parlement de Bordeaux**, où il siègera pendant quinze ans en tant que conseiller. Peu enthousiaste vis-à-vis de ses fonctions, il fréquente beaucoup la cour royale.

En **1558**, il fait la connaissance de son collègue **Étienne de La Boétie** (1530-1563), l'auteur du *Discours de la servitude volontaire* et de poèmes, avec qui il noue une **amitié profonde**. Il évoque cette amitié dans les *Essais* et la résume par une phrase demeurée célèbre : « C'est parce que c'était lui, c'est parce que c'était moi. » Ayant trouvé en La Boétie un véritable alter ego, Montaigne dit n'être plus « qu'à demi » après sa mort, en 1563. Les *Essais* seront, en partie, une tentative de continuer le dialogue avec La Boétie. Par ailleurs, l'écrivain s'attachera à la publication des écrits de son ami.

LA RÉDACTION DES *ESSAIS*

En 1570, trois ans après le décès de son père qui lui a légué un titre et des terres, Michel de Montaigne vend sa charge parlementaire et, en **1572**, se retire **dans son château**, en sa fameuse tour, pour y entamer **la rédaction de l'œuvre de sa vie, les *Essais***. De là, il observe le monde et ses folies (notamment les guerres de religion), et livre ses méditations dans ses Essais. Les thèmes de l'ouvrage sont divers : l'amitié, la liberté de conscience, le droit, la guerre, l'éducation, la religion, les relations humaines, etc. Il faut toutefois signaler un chapitre qui constitue un livre à lui seul, *L'Apologie de Raymond de Sebond*, théologien catalan du XVe siècle dont son père lui avait demandé de traduire la *Théologie naturelle* avant de mourir. Montaigne s'y appliqua en 1569 et plus encore, puisqu'il lui consacre une analyse importante dans *Les Essais*.

UNE OUVERTURE SUR LE MONDE

En **1580** parait la **première édition des *Essais***, qui ne comprennent encore que deux livres. La même année, investi d'une mission diplomatique, Montaigne entame un **voyage en Europe**, notamment en Allemagne et en Italie, dont il profite pour soigner la maladie de la gravelle (calculs rénaux) dont il commence à souffrir. Mais il effectue aussi ce déplacement en humaniste, avec **la conviction que le voyage forme l'esprit** autant que les livres. Ses notes de voyage seront publiées de manière posthume sous le titre ***Journal de voyage en Italie*** (1774). Moins important que *Les Essais*, le *Journal* nous apprend toutefois que le dépaysement, aux yeux de Montaigne, est fondamental : mettant l'esprit en mouvement, il permet de sortir d'une identité figée. On trouve aussi chez l'écrivain, et en cela il est parfaitement dans l'esprit de son temps, une grande tolérance à l'égard des différentes classes sociales, coutumes ou mœurs exotiques.

En **1581**, il est élu **maire de Bordeaux**, une charge peu prenante qui lui permet de continuer la rédaction de son œuvre. Celle-ci connait plusieurs versions – Montaigne réalisant à plusieurs reprises des remaniements – et une **seconde édition des *Essais***, enrichie d'un troisième livre et de multiples ajouts, est publiée en **1588**. L'œuvre connait déjà une certaine notoriété du vivant de son auteur.

UNE ŒUVRE QUI CIRCULE

Les deux dernières années de sa vie, Montaigne est **affaibli par la maladie** : il ne quitte plus sa tour, où il prépare une ultime édition des *Essais* qui sera publiée en 1595, et s'y éteint en **1592**, à l'âge de cinquante-neuf ans. On peut considérer que **sa mort marque la fin de la Renaissance**, initiée à la fin du XIVe siècle en Italie. En effet, loin du rêve d'irénisme (apaisement des querelles religieuses) des débuts du Quattrocento, Montaigne laisse derrière lui un monde profondément troublé.

Cependant, **son œuvre perdure, circule et fait parler d'elle** :

- **Blaise Pascal** (1623-1662), au XVIIe siècle, a beaucoup lu et analysé Montaigne, même s'il n'a pas manqué de critiquer son rapport un peu trop distancié à la religion ;
- plus tard, au XVIIIe siècle, **les encyclopédistes** (les auteurs de l'*Encyclopédie*, 1751-1772) se sont quant à eux laissés influencer par certains aspects de Montaigne : l'épicurien et le libertin ;

- **Voltaire** (1694-1778), qui ambitionnait d'être le Montaigne du XVIIIe siècle, a quant à lui hardiment critiqué l'auteur des *Essais*, dont il ne goutait pas le style qu'il jugeait « pauvre et familier » ;
- de manière générale, **les penseurs du Siècle des Lumières** (le XVIIIe siècle) lui ont reproché d'avoir trop mis l'accent sur les faiblesses de l'homme et pas assez sur sa grandeur. Toutefois, l'historien Jules Michelet (1798-1874) reconnaitra que la réserve sceptique des *Essais* est à mettre sur le compte du siècle tumultueux de son auteur.

Montaigne est également un initiateur dans le sens où **il a ouvert la voie à des œuvres plus introspectives** comme les *Confessions* (1782 et 1789) de Jean-Jacques Rousseau (1712-1778) – œuvre considérée comme la première autobiographie de la littérature française –, même si la description de soi chez Montaigne est accompagnée d'une grande humilité. « Il ne faut pas s'élever indûment, ni s'abaisser vicieusement », écrit-il (*Essais*, partie 2, chapitre 17).

CONTEXTE PHILOSOPHIQUE

LA RENAISSANCE ET L'HUMANISME

Une période de renouveau

Montaigne rédige ses *Essais* vers la fin de la Renaissance. Il s'agit d'un vaste **mouvement intellectuel et artistique né en Italie au début du XIVᵉ siècle** qui cherche à rompre avec le Moyen Âge, jugé obscur, barbare et décadent. Ce courant se propage dans le reste de l'Europe aux XVᵉ et XVIᵉ siècles, et voit **le développement des arts, des lettres, des sciences et des techniques, mais aussi du commerce et des banques**. C'est à cette époque que l'imprimerie voit le jour, grâce à l'invention de Gutenberg (vers 1400-1468), entrainant dans son sillage la démocratisation de la culture, désormais accessible au plus grand nombre. On observe ainsi une profonde mutation des mentalités et la tendance au progrès propulse l'homme vers la modernité. Quand Christophe Colomb (vers 1450-1506) découvre le Nouveau Monde à la fin du XVᵉ siècle, il faut donc y voir aussi une portée symbolique : l'ouverture de nouveaux horizons géographiques entraine l'homme dans un nouvel espace mental et spirituel.

L'homme au centre du monde

L'homme, justement, est le maitre mot de la Renaissance. Ce dernier n'est plus vu dans sa subordination à la puissance divine, mais **il est considéré en lui-même et pour lui-même**. Non que la Renaissance soit irréligieuse, au contraire, mais elle se caractérise par l'émerveillement face au miracle humain. C'est un peu comme si l'homme découvrait ses capacités propres pour la première fois. Ce n'est donc pas par hasard que Montaigne choisit de rédiger un livre sur le mode de l'autoportrait et que les portraits sont particulièrement en vogue en peinture.

Cette prise de conscience de la puissance de l'individu devient **un formidable levier de créativité** dont **les beaux-arts** constituent un témoignage exemplaire : l'artiste est à la recherche du beau et de la forme idéale. L'homme révèle ainsi toute sa grandeur.

Cependant, simultanément, une autre découverte déchoit l'homme de son piédestal : **la révolution copernicienne**. Nicolas Copernic (1473-1543) découvre que l'univers est infini et que la Terre, loin d'être fixe, comme on le croyait depuis les Anciens, tourne autour du soleil. **L'homme est alors destitué de sa position centrale** et déstabilisé dans un univers sans limites. Dès lors, comment exercer sa toute-puissance dans ce monde dont le centre est partout et la circonférence nulle part ? Voici l'une des grandes questions philosophiques de l'époque, qui met l'homme de la Renaissance devant une contradiction. En effet, en même temps qu'il découvre sa grandeur, il prend conscience de ses limites et de sa finitude.

La restauration de l'héritage antique

La Renaissance n'est pas seulement un navire qui fend les eaux de l'avenir, elle est aussi synonyme de restauration de l'héritage antique. En effet, la présence de savants grecs en Italie, suite à la conquête de Constantinople par les Turcs en 1453, suscite l'envie des lettrés, par la suite appelés humanistes, de **redécouvrir l'Antiquité en se procurant les textes anciens originaux** et non leurs traductions latines annotées de toute une série de gloses et de commentaires. Ils souhaitent pouvoir comprendre et interpréter par eux-mêmes le message des Anciens.

Ainsi, le platonisme, par exemple, connait une nouvelle jeunesse grâce à l'Italien Marsile Ficin (1433-1499) qui traduit les œuvres de Platon (vers 427-347 av. J.-C.). On redécouvre aussi Pythagore (vers 570-480 av. J.-C.), Aristote (384-322 av. J.-C.), Plotin (vers 205-270 av. J.-C.), Cicéron (106-43 av. J.-C) et beaucoup d'autres philosophes.

En outre, **l'approche de l'enseignement évolue et s'éloigne du dogmatisme** : dorénavant, on met en correspondance, on compare, on jette des ponts entre les différentes disciplines et systèmes de pensée. Montaigne n'est pas en reste, lui qui puise abondamment chez les Anciens, sans que cet héritage ne soit jamais répétition, mais plutôt source de questionnement et de renouvèlement.

LES GUERRES DE RELIGION

Si, en ses débuts, la Renaissance est profondément irénique, à partir de la **seconde moitié du XVIe siècle**, les conflits agitent l'Europe entière. Et la France n'est pas en reste avec **les guerres de religion qui opposent catholiques et protestants** de 1562 à 1598.

Elles ont pour origine la Réforme protestante de l'Église, initiée en Allemagne par Martin Luther (1483-1546) en réaction aux excès et à la corruption de l'Église catholique, engendrés notamment par le commerce des indulgences. Toutefois, les causes de la querelle entre catholiques et protestants ne sont pas seulement religieuses, mais aussi politiques, puisque de nombreux princes voient dans la Réforme le moyen d'affirmer leur indépendance face à la théocratie (gouvernement de Dieu) mise en avant par la papauté.

Montaigne, qui commence à écrire en 1572, est témoin de cette atmosphère de violence. Observateur privilégié des folies de son temps, par sa proximité avec le pouvoir royal, il a la sagesse de garder une forme de neutralité et de suspendre son jugement, ce qui renforce son intégrité. Le philosophe n'a pas pour vocation de dresser les uns contre les autres, mais au contraire de chercher à comprendre et à rassembler.

LA STRUCTURE DES *ESSAIS*

Les Essais, dans lesquels Montaigne a pour dessein de mieux se connaitre en exerçant son jugement sur plusieurs sujets, sont répartis en **trois livres** :

• le premier, publié en 1580, comprend des réflexions

philosophiques autour de la mort, de l'amitié, de l'éducation ou de la solitude, ainsi que quelques observations historiques et militaires ;

- le second, publié avec le premier, est davantage centré sur l'auteur : il y parle de ses gouts littéraires, de son volonté de se peindre et de son point de vue sur des thèmes comme le suicide, la relation entre parents et enfants, la cruauté ou la maladie ;
- le dernier livre est quant à lui paru en 1588 et se centre sur des réflexions politiques.

Loin de constituer une synthèse ordonnée, *Les Essais* ont une **structure « en mosaïque »** en raison des **nombreux chapitres variés et autonomes** qui les composent. Ainsi, dans le deuxième livre se succèdent des chapitres intitulés « L'affection des pères aux enfants », « Des armes des Parthes », « Des livres », « De la cruauté », etc., sans lien apparent entre eux. Certains ont conclu, trop vite, que Montaigne ordonnait sa matière de manière confuse. Le critique littéraire Sainte-Beuve (1804-1869), pour sa part, affirme que Montaigne, en écrivant, n'avait pas la conception d'ensemble de son œuvre.

C'est pourtant l'auteur lui-même qui nous donne la clé du désordre apparent de son ouvrage : **l'essai est un exercice, une mise à l'épreuve des capacités de la raison et de l'esprit**, explique-t-il. Il a pour but d'exercer son jugement qui puise dans divers sujets des questionnements auxquels il faut répondre, mais ceci se passe sans déduction de certitudes. En d'autres termes, l'essai est un commentaire personnel sur un ou plusieurs thèmes choisi(s). Dès lors, le vagabondage d'un thème à un autre est constitutif du genre de l'essai – dont Montaigne est l'inventeur. L'irrésolution issue de ce vagabondage est moins indétermination intellectuelle que volonté de faire barrage à la présomption dogmatique.

PENSÉE ET APPORT

UNE PENSÉE HORS SYSTÈME ET UN PROJET HUMANISTE

La philosophie de Montaigne n'est pas fondée sur un système de pensée figé ou une architecture logique. Au contraire, **elle se construit autour de la diversité des différents courants de l'histoire de la pensée**. Le titre de son œuvre, *Les Essais*, est à prendre au sens propre, car **Montaigne « s'essaie » à travers la pensée** : « Je suis moi-même la matière de mon livre », dit-il. Il nous livre ainsi une pensée en mouvement qui ne craint pas d'explorer diverses formes et d'assumer de multiples métamorphoses. Les références dans lesquelles il puise abondamment, sans être un substitut à sa propre voix, fonctionnent un peu comme un révélateur de soi. Elles lui permettent de voir plus clair en lui.

Mais si Montaigne cherche à faire son portrait, c'est moins pour retenir des particularités anecdotiques que pour **tracer des traits universels dans lesquels tout homme peut se reconnaitre**. Ce que l'auteur recherche, c'est fonder ce qu'il appelle le « singulier universel » : tout homme particulier porte également les traits de la condition humaine (<u>citation 1</u>).

À l'époque où Montaigne rédige *Les Essais*, la Renaissance, minée par les guerres et les conflits, est sur son déclin. Le mérite du philosophe est dès lors de **rendre à l'humanisme sa signification originelle en s'ouvrant aux différentes idées et cultures** sans les concilier mollement ou en faire une synthèse hâtive. Faut-il dire pour autant que son œuvre manque d'unité ? Non, car on retrouve dans *Les Essais* des traits ou tendances qui se confirment au fil des pages, notamment l'attrait pour le scepticisme, le stoïcisme et l'épicurisme. Sans être un disciple des philosophes qu'il évoque, Montaigne s'en inspire pour enrichir sa propre pensée, élaborant ainsi **un véritable projet philosophique**.

LE SCEPTICISME DE MONTAIGNE

L'ignorance et le doute

Dans *Les Essais*, Montaigne met en avant son ignorance. Pour lui, il n'est de pire ennemi que le jugement péremptoire, définitif, ou l'opinion taillée dans les habitudes, le milieu et forcément pétrie de préjugés. S'il se réclame du pyrrhonisme de Pyrrhon (vers 365-275 av. J.-C.) et du scepticisme de Sextus Empiricus (vers 200-250 apr. J.-C.), c'est pour prendre le parti de la prudence et de la sagesse : **mieux vaut suspendre son jugement plutôt que d'avancer des appréciations fausses** (citation 2). Selon lui, le doute philosophique est un précieux allié pour avancer sur les voies sinueuses de la vérité.

BON À SAVOIR

Pyrrhon est un philosophe sceptique grec qui s'abstenait de donner son opinion sur les sujets qui lui étaient soumis. Pour lui, nos pensées et nos actions sont le fruit de nos habitudes culturelles et sociales, et non l'émanation d'une quelconque vérité. Pyrrhon n'a pas laissé d'écrits, mais il est considéré comme le fondateur du pyrrhonisme et ses disciples ont consigné la méthode qu'il prônait pour atteindre le bonheur et le repos de l'esprit : il s'agit d'opposer à chaque raison valable une raison contraire et tout aussi logique, et ce en vue de lutter contre les fausses opinions.

C'est au penseur grec **Sextus Empiricus** que l'on doit véritablement la création de l'école sceptique. Le scepticisme considère que la perception est trompeuse, car elle est relative. Ainsi, selon que l'on est jeune ou vieux, en bonne santé ou malade, au repos ou en mouvement etc., on ne percevra pas les phénomènes de la même manière. Aussi ne faut-il pas dire, par exemple, que le miel est doux, mais qu'il nous « semble » doux. D'où la nécessité de suspendre son jugement. Mais il ne faut pas pour autant s'interdire d'analyser le monde : les sceptiques, en effet, ne nient pas l'existence des choses, mais seulement la capacité de saisir leur vérité, leur essence, leur nature. D'aucuns considèrent aujourd'hui que le scepticisme est une véritable méthode scientifique.

La tranquillité de l'esprit

Le scepticisme devient, pour Montaigne, **une méthode d'assainissement de la pensée**, autrement dit une école de vie pour atteindre l'apaisement du cœur et de l'esprit, loin du leurre des certitudes ou encore de la souffrance liée à l'irrésolution.

Toutefois, il ne faut pas interpréter le scepticisme de Montaigne de manière simpliste : **il ne s'agit pas d'un mouvement de fuite** face aux difficultés de la raison, ses contradictions, ses approximations. Le philosophe entend plutôt jeter la suspicion sur les doctrines qui se veulent définitives et sur les dogmes (propositions théoriques établies comme des vérités indiscutables par une autorité) qui écrasent. Dès lors, il prend en considération les différentes opinions, les essaye et les met à l'épreuve. Sa démarche est donc active, orientée vers la recherche, mais vers une recherche fondée sur le respect à l'égard des autres. Le **« Que sais-je ? »** que Montaigne a fait graver sur l'une des poutres de sa bibliothèque n'est donc pas un simple aveu de scepticisme. C'est au contraire un **appel au respect des différences** (citation 3).

En outre, s'il se veut neutre, **son « indifférence » n'est en rien insensibilité**, mais mise à distance des passions qui obstruent le jugement. Retranché dans sa tour du château de Montaigne, il observe les dégâts causés par les excès liés à la religion, mais réserve son jugement justement parce qu'il est touché au cœur.

Du scepticisme au fidéisme

Le scepticisme de Montaigne aboutit au fidéisme : il s'agit d'une doctrine qui consiste à **distinguer la foi religieuse, qui dépend du sentiment, de la raison**. Aux yeux du philosophe, il s'agit de deux registres différents qui ne se contrarient pas, mais se complètent :

• la démarche rationnelle est justifiée par la nécessité

d'explorer le monde et de le comprendre ;

- toutefois, **dès que l'on veut connaitre les vérités divines, on constate que la raison se heurte à mille contradictions**.

Force est donc d'avouer, pour l'auteur des *Essais*, que le champ divin déborde de loin les capacités cognitives humaines. Dès lors, il devient plus sage de faire appel à la grâce et à la foi qu'à la raison. L'homme ne peut s'élever, dit Montaigne, et percer le secret des vérités transcendantes si Dieu ne l'y aide pas (citation 4).

L'HÉRITAGE DU STOÏCISME ET DE L'ÉPICURISME

Le stoïcisme, une conduite de vie

Montaigne n'aborde pas le stoïcisme comme un disciple pur et dur de cette doctrine. Là encore, **il y puise ce qui l'inspire** : une conduite de vie, un contenu moral et psychologique, un exercice conjugué de la raison et de la volonté. Il admire **la discipline stoïcienne** qui préconise de ne pas se plaindre du mauvais sort, mais qui enjoint au contraire de supporter courageusement les aléas de la fortune (citation 5).

Il y a dans le stoïcisme **un idéal d'impassibilité** dans lequel se reconnait bien Montaigne. Comme l'empereur romain Marc Aurèle (121-180), un des représentants du mouvement, il pense que l'homme doit être tel un roc battu par les flots, mais qui demeure immobile. Les philosophes Lucillius (vers 180-102 av. J.-C.), Sénèque (vers 4 av. J.-C.-65 apr. J.-C.) ou encore Plutarque (vers 46-120 apr. J.-C.) l'inspireront tout particulièrement.

Le premier livre des *Essais* est fortement marqué par l'empreinte stoïcienne. Toutefois, le stoïcisme de Montaigne est tempéré par l'aveu de l'auteur d'une certaine faiblesse humaine, constitutive de sa nature.

L'épicurisme, la voie du bonheur

Pour Montaigne, la philosophie, qualifiée de « très douce médecine », est l'apprentissage de la vie et du bonheur, qui passe par l'apprentissage de la sagesse, car celle-ci n'est jamais très éloignée des plaisirs de la vie. Autrement dit, **la**

philosophie consiste à apprendre à être sage pour vivre heureux (citation 6). Par conséquent, elle est tout sauf une accumulation de connaissances. Ainsi, on rencontre fréquemment sous la plume de Montaigne des expressions telles que « moi qui n'ai d'autre fin que vivre et me réjouir » ou « le sainement et gaiement vivre » ou encore « pour moi donc, j'aime la vie ».

Rien n'énerve plus l'écrivain que l'outrecuidance des pseudo-sages ou l'arrogance des philosophes qui se réfugient dans le dogme. Lui ne craint pas de se situer parmi les hommes « de la basse forme », son « Que sais-je ? » étant le plus précieux des garde-fous contre le pédantisme, si éloigné de la sagesse naturelle. Car, pour Montaigne, **les lois de la nature sont supérieures aux lois des hommes**, plus aptes à leur apporter le bonheur (citation 7). La nature dont nous faisons partie est le meilleur des guides pour appréhender un art de vivre qui soit à notre mesure.

Cet **amour immodéré de la vie qui le pousse à voir dans la philosophie une école de vie et du bien vivre** apparente Montaigne à l'épicurisme. Aussi tous les moyens sont-ils bons pour éloigner la tristesse liée à notre condition, les vaines passions ou les émotions. Il faut, nous dit joliment l'écrivain, « farder » nos maux, les contourner, faire preuve de souplesse, de tolérance et d'adaptabilité, supporter les autres malgré leur sottise et, surtout, se supporter soi-même.

BON À SAVOIR

Philosopher, c'est apprendre à mourir

C'est dans ce contexte qu'il faut situer l'un des adages-clés de la pensée de Montaigne : « Philosopher, c'est apprendre à mourir », et ce pour deux raisons :

- d'une part, l'étude permet en quelque sorte à l'âme de l'homme de s'extraire de son corps, ce qui l'aide à se préparer à la mort ;
- d'autre part, grâce à la philosophie, l'homme apprend la sagesse afin de vivre heureux, ce qui consiste notamment à se défaire de la crainte de mourir (<u>citation 8</u>).

Ainsi, il faut **mettre à distance l'imagination qui enfle exagérément les crispations et les peurs, disperser la tristesse et se focaliser sur les choses gaies**. Voilà quelques-uns des préceptes du sage tel que l'entend Montaigne. Et pour finir, il ne faut surtout pas se laisser surprendre par la mort mais s'y préparer sereinement.

L'APOLOGIE DE RAYMOND DE SEBOND

Raymond de Sebond est un théologien catalan du XVe siècle dont Montaigne a traduit la *Théologie naturelle*. Dans son ouvrage, Raymond de Sebond s'appuie sur le « livre de la nature », c'est-à-dire sur la nature, pour y découvrir la grandeur humaine : **l'homme, pour Sebond, occupe une place privilégiée sur l'échelle de la nature**, car il a été créé à l'image de Dieu, ce qui signifie qu'il possède les mêmes attributs que lui. Sa position lui permet de récapituler l'ensemble de la création et de la ramener à sa fin divine. Autrement dit, l'être humain a la capacité de comprendre la création de toutes choses et de l'attribuer à Dieu. Outre cette problématique somme toute classique, l'objectif de Sebond est de **pénétrer les vérités de la foi par les lumières de la raison**.

On constate deux temps bien distincts dans *L'Apologie* de Montaigne :

- pour commencer, celui-ci se rallie à l'Église catholique et en défend les positions et les traditions, à la suite de Raymond de Sebond ;
- mais très vite, il se désolidarise du théologien catalan et de son postulat de départ qui affirme la prééminence de l'homme dans l'ordre de la création. **Montaigne critique la vision anthropomorphique d'un dieu conçu à l'image de l'homme avec ses propres attributs**. Ces qualités prêtées au divin, même élevées (perfection,

puissance, intelligence, bonté, etc.) restent dérisoires, car trop humaines.

Montaigne adopte alors résolument une approche critique. Le doute philosophique ainsi que le scepticisme sont la voie royale pour ne pas céder à l'aveuglement des préjugés et autres certitudes. Mais il faut nuancer. La raison est certes reconnue dans ses faiblesses, mais en aucun cas Montaigne ne suggère d'en faire l'économie. Au contraire, **la raison doit aller au bout d'elle-même jusqu'à reconnaitre l'écart qu'il y a entre elle et Dieu**. En réalité, l'ennemi de Montaigne est l'intolérance liée à l'arrogance d'une raison trop sure d'elle-même. En elle-même, la raison est bonne et nécessaire pour préparer le terrain de la foi après avoir éprouvé ses propres limites.

EN RÉSUMÉ

La pensée de Montaigne se construit autour des **différents courants philosophiques**, qui lui permettent de « s'essayer à la pensée » afin de voir plus clair en lui. Mais s'il cherche à faire son portrait, c'est surtout pour **tracer des traits universels humains**.

Bien que le philosophe se montre ouvert aux différentes idées, son œuvre présente des grandes tendances, dont l'attrait pour **le pyrrhonisme et le scepticisme**. En effet, Montaigne préfère suspendre son jugement plutôt que d'avancer des appréciations fausses. Il prend en considération les différentes opinions, les essaie et les met à l'épreuve, appelant au respect des différences.

Le penseur adhère par ailleurs au **fidéisme**, qui consiste à distinguer la foi religieuse, qui dépend du sentiment, de la raison. Il s'agit de deux registres différents qui se complètent.

Montaigne puise également son inspiration dans **le stoïcisme**, dont il retient une conduite de vie qui préconise de ne pas se plaindre du mauvais sort et un idéal d'impassibilité.

Enfin, il se réclame de **l'épicurisme**, en raison de son amour immodéré de la vie qui le pousse à voir dans la philosophie une école du bien vivre : la philosophie consiste à apprendre à être sage pour vivre heureux. Aussi tous les moyens sont-ils bons pour éloigner la tristesse, les peurs et les crispations, les vaines passions ou les émotions.

Montaigne s'est également livré à une critique des thèses du théologien Raymond de Sebond, dont il rejette la vision anthropomorphique d'un dieu conçu à l'image de l'homme avec ses propres attributs.

Votre avis nous intéresse !
Laissez un commentaire sur le site de votre librairie en ligne
et partagez vos coups de cœur sur les réseaux sociaux !

POUR ALLER PLUS LOIN

- AULOTTE (Robert), *Montaigne. Essais*, Paris, PUF, 1994.
- BRUNSCHVICG (Léon), *Descartes et Pascal lecteurs de Montaigne*, Paris, Pocket, 1995.
- CONCHE (Marcel), *Montaigne et la philosophie*, Paris, PUF, 2007.
- MAGNARD (Pierre), *Questions à l'humanisme*, Paris, PUF, 2007.
- MONTAIGNE (Michel Eyquem de), *Les Essais*, Paris, Gallimard, 2009.
- MONTAIGNE (Michel Eyquem de), *Journal de voyage*, Paris, Gallimard, 1983.
- STAROBINSKI (Jean), *Montaigne en mouvement*, Paris, Gallimard, 1993.

TESTEZ VOS CONNAISSANCES !

ASSOCIEZ CHAQUE CITATION À L'EXPLICATION QUI LUI CORRESPOND.

Citation 1 : « Tout homme porte en soi la forme entière de l'humaine condition. » (*Les Essais*, II, 2)

Citation 2 : « L'attitude la plus sage consistera à s'abstenir de toute affirmation gratuite, à suspendre son jugement. » (*Ibid.*)

Citation 3 : « Les plus belles âmes sont celles qui ont plus de variété et de souplesse. » (*Ibid.*, III, 3)

Citation 4 : « [L'homme] s'élèvera si Dieu lui prête extraordinairement la main [...]. » (*Ibid.*, II, 12).

Citation 5 : « [L]e jeu de la constance consiste principalement à supporter vaillamment les malheurs pour lesquels il n'est pas de remède. » (*Ibid.*, I, 12)

Citation 6 : « [L]a raison [...] ne doit viser que notre contentement, et tout son travail doit tendre en somme à nous faire bien vivre et vivre à notre aise [...] le plaisir est notre but [...]. » (*Ibid.*, I, 19)

Citation 7 : « Les lois de la nature sont toujours plus heureuses que celles que nous nous donnons. » (*Ibid.*, III, 13)

Citation 8 : « [...] philosopher n'est autre chose que de se préparer à la mort. C'est qu'en effet [...] toute la sagesse et le raisonnement du monde se concentrent en ce point : nous apprendre à ne pas craindre de mourir. » (*Ibid.*, I, 19)

Explication a : l'homme ne peut s'élever vers Dieu que si celui-ci l'y aide.

Explication b : il ne faut pas se plaindre du mauvais sort, mais supporter courageusement les aléas de la vie contre lesquels on ne peut rien.

Explication c : chaque homme porte en lui les traits de la condition humaine dans son ensemble.

Explication d : la philosophie permet à l'homme de se préparer à mourir, dans la mesure où elle lui apprend à ne pas craindre la mort.

Explication e : le doute philosophique ainsi que le scepti-cisme sont la voie royale pour ne pas céder à l'aveuglement des préjugés et autres certitudes.

Explication f : Dieu ne peut être conçu à l'image de l'homme : les qualités qu'on lui prêterait seraient trop déri-soires car trop humaines.

Explication g : il s'agit de respecter les autres dans leurs différences et de faire preuve de souplesse.

Explication h : la philosophie vise à rendre l'homme heu-reux, le bonheur étant notre unique but.

Explication i : les lois naturelles sont plus aptes à apporter le bonheur aux hommes que celles qu'ils se donnent eux-mêmes : en ce sens, la nature est le meilleur des guides de la vie heureuse.

Explication j : il est plus sage de suspendre son jugement plutôt que d'avancer des appréciations fausses.

Rendez-vous sur lepetitphilosophe.fr et découvrez :

Plus de 1200 analyses
Claires et synthétiques
Téléchargeables en 30 secondes
À imprimer chez soi

L'éditeur veille à la fiabilité des informations publiées, lesquelles ne pourraient toutefois engager sa responsabilité.

www.lepetitphilosophe.fr

ISBN version numérique : 9 782 806 249 593
ISBN version papier : 9 782 808 001 168
Dépôt légal : D/2017/12603/500

Conception numérique : Primento,
le partenaire numérique des éditeurs.

Made in the USA
Monee, IL
07 July 2026

56545309R00020